IL PREZZO DELLA CARNE

SONO TRE ETTI E MEZZO, CHE FACCIO... LASCIO?

Se a scrivere questo editoriale fosse stato Leo Ortolani (il più grande autore comico a fumetti di sempre, a detta di molti, me compreso), ci trovereste senza dubbio almeno una battuta sul titolo dell'albo, collegata in qualche modo ad attività prosaiche come l'andare a fare la spesa. Solo che, una volta letta la storia confezionata per voi dal bravissimo Fabrizio Accatino (autore anche de *Il Generale Inquisitore*, recentissimo, molto apprezzato albo di *Dylan Dog*) e dall'altrettanto bravo Roberto Rinaldi, capirete che non c'è proprio nulla da ridere e che il titolo è terribilmente attinente non solo con i fatti narrati, ma anche con la dolente realtà che ci circonda.

TUTTO COMINCIA DAL MARE.

Il mare è un elemento ricorrente nelle storie di Dylan, così come in tutta la tradizione narrativa dell'horror. Sotto la sua superficie, nella tenebra delle acque eterne, si sono spesso annidati, in paziente agguato, orrori lovecraftiani o antichi Leviatani, balzati fuori dalle pagine di Melville. Certe volte, il mare è stato un amico e un confidente (come scordare quel Lungo Addio, consumato sulle spiagge di Moonlight?), altre volte si è rivelato un confine naturale e insieme "metafisico" (non poche sono le case stregate, arroccate sugli scogli e cinte dalle sue onde, che il Nostro ha visitato) e molti sono stati gli uomini, le donne, i messaggi in bottiglia, le lettere e le ceneri che ha preso e portato via con sé. Questo mese, invece, il nero abisso ci restituisce qualcosa. Purtroppo, è un cadavere.

TUTTO FINISCE NEL MARE.

Un oceano di pagine scritte e disegnate, che compongono la lunghissima, infinita storia dell'Indagatore dell'Incubo. Del resto, il trentennale si avvicina a grandi passi e fervono i preparativi per festeggiarlo al meglio. Il consueto albo a colori, volumi celebrativi, edizioni speciali, eventi & incontri disseminati per il Paese e, soprattutto, il ritorno ai testi di un certo sceneggiatore che con *Dylan Dog* ha una discreta confidenza. È l'uomo che vedete in questa pagina, ritratto in una "storica" foto di Alberto Mori... A ben guardarlo, somiglia parecchio a Tiziano Sclavi, non trovate? In sostanza: restate con noi, perché l'orrore continua, e non è mai stato così bello!

Roberto Recchioni

DYLAN DOG HORROR CLUB

Via Buonarroti, 38
20145 Milano

IL PREZZO DELLA CARNE

TESTO: ACCATINO
DISEGNI: RINALDI

FORZA! MANCA POCO! ANCORA UNA SPINTA!

CI SIAMO! SALTATE SU!

DOVEVAMO PROPRIO USCIRE CON QUESTO TEMPO?

QUANTE STORIE PER UN PO' D'ACQUA. HAI SENTITO LE PREVISIONI, ANDRÀ SCHIARENDOSI GIÀ IN MATTINATA.

OGGI NON C'E' UN'ANIMA IN MARE.

MEGLIO. VORRA' DIRE CHE IL PESCE CE LO PAGHERANNO IL DOPPIO.

ORA BASTA CHIACCHIERE. ANDIAMO.

VROOOOMM

VROOOOOOMM VROOOOOMM

TIRA, NORMAN! VERSO DI ME!

NON LO SO COSA NON HA FUNZIONATO.

HO FATTO QUELLO CHE MI AVEVANO DETTO. NULLA DI COMPLICATO. UN LAVORETTO DI ROUTINE.

LA VERITÀ È CHE SONO SFORTUNATO. LO SONO SEMPRE STATO.

STUMP

SEMBRA CHE NON CI SIA GRANCHÉ, DA QUESTA PARTE.

SPOSTIAMOCI PIÙ AL LARGO.

MI CHIAMO HARVEY FRIDAY III. PER TUTTI "HARVEY LO STORPIO".

LA PAROLA PIÙ GENTILE CON CUI SI RIVOLGONO A ME È "STUPIDO". ORMAI CI SONO ABITUATO.

CREDO ABBIANO RAGIONE.

EHI, SCOTT, LAGGIÙ C'È QUALCOSA!

NON SEMBRA UN PESCE!

VIRA, AIDAN!

STO ASPETTANDO CHE PASSI LA RAFFICA!

IN QUALCHE MODO ME LA SONO SEMPRE CAVATA, MA NON QUESTA VOLTA.

SEMBRA UN CORPO!

NON VEDO BENE. DOV'E' LA TESTA?

STAVOLTA HO COMMESSO IL PIU' GRAVE ERRORE DELLA MIA VITA, DI CUI MI PENTIRO' PER QUEL PO-CO CHE MI RIMARRA' DA VIVERE.

NON SI RIE-SCE PIU' A STA-RE IN PIEDI, QUA SOPRA!

VEDIAMO SE RIUSCIAMO A RE-CUPERARLO! DAM-MI UNA MANO!

GETTA LA RETE PIU' IN LA', LE ONDE LO STANNO ALLONTA-NANDO!

TIRA!

STO TIRANDO!

SPLAF

9

CHI SARA' MAI? DI CERTO UN *SECCATORE*. CA-PITA A PROPOSITO, AVEVO GIUSTO BI-SOGNO DI *ASCIU-GARMI*.

ACCIDENTI, NON POSSO USARE QUE-STO SHAMPOO. QUI C'E' SCRITTO *"PER CAPELLI SECCHI,"* MENTRE IO CE LI HO *BAGNA-TI*.

"... I WANNA BE LO-VED BY YOU, ALO-NE! / POOH POOH BEE DOO!♪*

*"I WANNA BE LOVED BY YOU", MARILYN MONROE.

MI CI VOLEVA PROPRIO UN BEL BAGNO. ORA PERÒ MI SERVIREBBE ANCHE UN BEL SALOTTO.

ARRIVO, ARRIVO! QUANTA INSISTENZA! NON LO SA CHE LA PAZIENZA È UNA VIRTÙ CHE SI ACQUISISCE CON PAZIENZA?

E LA SMETTA DI SUONARE! GLIENE DIREI *DI TUTTI I COLORI* SE NON FOSSI *DALTONICO*. COMUNQUE, SA QUAL È LA DIFFERENZA TRA *LEI* E UNA *NUVOLA*? NESSUNA, SE VI LEVATE DAI PIEDI ENTRAMBI, DIVENTA UNA BELLA GIORNATA.

FINISCILA, GROUCHO, FAMMI ENTRARE.

EHI, CAPO, CHE CI FAI LÌ? SEI VENUTO PER VEDERE SE SEI IN CASA? ASPETTAMI, VADO DI LÀ A CONTROLLARE.

USCENDO HO DIMENTICATO LE CHIAVI.

MI RICORDI MIO PADRE. ERA TALMENTE *SMEMORATO* CHE QUANDO SI ADDORMENTAVA SI SCORDAVA DI *SVEGLIARSI*!

COSA TI PRENDE, CAPO? PERCHE' HAI COMPRATO TUTTI QUEI QUOTIDIANI? LO SAI CHE I GIORNALI INVENTANO *LA META'* DI QUELLO CHE DICONO, SE POI CI AGGIUNGI CHE NON SCRIVONO *LA META'* DI QUELLO CHE SUCCEDE, NE DERIVA CHE I GIORNALI *NON ESISTONO*.

IO NON LI LEGGO MAI. ODIO VEDERE TUTTA QUELLA PUBBLICITA' ROVINATA DA QUALCHE ARTICOLO. L'UNICA PAGINA CHE GUARDO E' QUELLA DEI NECROLOGI. ANCHE SE NON MI E' ANCORA CHIARO COME MAI LA GENTE MUOIA SEMPRE IN ORDINE ALFABETICO.

IN CHE MONDO VIVIAMO! LEGGI QUA! "MONTECARLO, FALLITA RAPINA AL CASINO'. I MALVIVENTI SONO ENTRATI *PUNTANDO* LE ARMI MA LE HANNO *PERSE* SUBITO".

NON E' VERO CHE LE NOTIZIE NELLE ULTIME PAGINE SONO LE MENO INTERESSANTI.

HAI RAGIONE. PRENDI QUESTA: "SPARATORIA IN UN OSPEDALE PSICHIATRICO: ILLESI *NAPOLEONE, ELVIS* E *GESU'*".

GUARDA QUI. "THE INDEPENDENT", PAGINA TRENTADUE. "KENT, RINVENUTO IN MARE IL CADAVERE DECAPITATO DI UNA GIOVANE".

BEH, CAPO, SENZA OFFESA, NON MI PARE UNA NOTIZIA CLAMOROSA.

IN EFFETTI, NON LO E'. MA LE COSE CAMBIEREBBERO SE FOSSE VERO CHE LA RAGAZZA ERA *MORTA E SEPOLTA DA PIU' DI DUE ANNI*. E CON LA TESTA REGOLARMENTE *AL SUO POSTO*.

NON CI CREDI.

NO, TU?

BOH, NON LO SO. SO SOLO CHE IL PADRE SEMBRAVA SCONVOLTO. SONO ANDATO A CONTROLLARE SUI GIORNALI DI STAMATTINA E IN EFFETTI LA NOTIZIA E' RIPORTATA.

IMMAGINO CHE I GIORNALI SCRIVANO CHE HANNO TROVATO DECAPITATA *UNA* RAGAZZA, NON *QUELLA* RAGAZZA.

IL PADRE E' SICURISSIMO CHE SIA LEI.

AH, SI'? E COME SE LO SPIEGA?

NON SE LO SPIEGA, PER QUELLO ERA SCONVOLTO.

QUINDI... TU GLI CREDI.

NON HO DETTO QUESTO. CI STO RIFLETTENDO. LO SAI CHE PER FORMAZIONE SONO UNO SCETTICO...

CERTO. E IO PER FORMAZIONE SONO UN CULTURISTA.

COMUNQUE BASTERÀ ATTENDERE LE ANALISI SCIENTIFICHE.

IL TIZIO DICE CHE LA POLIZIA LOCALE SI RIFIUTA DI EFFETTUARLE. NON HANNO NEMMENO RESTITUITO IL CORPO ALLA FAMIGLIA.

ORA MI È TUTTO CHIARO. VUOI CHE TI DICA COM'È ANDATA?

NO.

E IO TE LO DICO LO STESSO. DUE IPOTESI. *NUMERO UNO*: NON È LEI, E IL PADRE, CONFUSO DAL DOLORE, SI SBAGLIA. *NUMERO DUE*: QUALCHE SCIACALLO O SETTA DEL PIFFERO HA TRAFUGATO IL CADAVERE, L'HA DECAPITATO E L'HA ABBANDONATO IN MARE.

FIDATI, SE LA POLIZIA NON PRENDE IN CONSIDERAZIONE DI ANALIZZARE IL CORPO, SIGNIFICA CHE È CERTA DI UNA DI QUESTE DUE IPOTESI.

SEI VENUTO DA WICKEDFORD PER FARE IL SOLITO SFOGGIO DI QUALUNQUISMO CINICO?

PER FAVORE, CI PORTA IL CONTO?

LASCIA, VECCHIO. LE ULTIME VOLTE HAI PAGATO TU. STAVOLTA TOCCA A ME.

GROUCHO!

GROUCHO, PREPARA LA VALIGIA. DOMANI SI PARTE PER IL *KENT*.

MI DISPIACE, MA NON POSSO.

COME SAREBBE CHE NON PUOI?

DEVO RESTARE QUI. VISTO IL PERIODO DI CRISI, HO DECISO DI ARROTONDARE CON UN *SECONDO LAVORO*. INIZIO DOMANI.

UN *SECONDO* LAVORO? PENSA CHE NON MI ERO NEMMENO ACCORTO DEL *PRIMO*!

SIAMO ONESTI, CAPO. SE LE STERLINE CRESCESSERO SUGLI ALBERI, A TE CAPITEREBBE UN BONSAI. IO CI HO PROVATO A SEGUIRE IL CONSIGLIO DEL PRIMO MINISTRO DI PAGARE LE TASSE CON UN SORRISO, MA QUELLI VOGLIONO I *SOLDI*!

PER CURIOSITÀ, DI CHE LAVORO SI TRATTEREBBE?

È IL MESTIERE CHE HO SEMPRE SOGNATO FIN DA BAMBINO: LO *PSICANALISTA JUNGHIANO ABUSIVO*!

MA TU... NON HAI MAI STUDIATO PSICANALISI!

BEH, CHE IMPORTA?! TANTO SONO GLI UNICI PROFESSIONISTI I CUI CLIENTI NON HANNO MAI RAGIONE. E POI CHE COS'E' UNO PSICANALISTA SE NON UNO CHE TI FA PAGARE CARE LE STESSE DOMANDE CHE QUALUNQUE TUO AMICO TI FAREBBE GRATIS?

AMICO MIO, L'UNICA DIFFERENZA TRA UNO PSICHIATRA E UN MATTO E' CHE IL PRIMO HA LA *LAUREA*. E POI LA PSICANALISI E' LA PROFESSIONE DEL MOMENTO. LEGGEVO CHE IN GRAN BRETAGNA SONO SCHIZOFRENICHE *DUE PERSONE SU UNA!*

IL MIO PSICANALISTA ERA UN GENIO: UNA VOLTA ENTRA NELLO STUDIO UNA PAZIENTE, LUI LA SPOGLIA, SI SPOGLIA, LE SALTA ADDOSSO, QUANDO HA FINITO SI RIVESTE, SI SIEDE ALLA SCRIVANIA E LE FA, "BENE, SIGNORINA, ORA CHE IL MIO PROBLEMA E' RISOLTO, PASSIAMO AL SUO".

BEH, SCUSAMI, MA DEVO ESERCITARMI UN PO', DOMANI HO LA PRIMA SEDUTA.

VA BENE, FAI COME TI PARE...

MICA TI PAGO PER ASSISTERMI, IN FONDO.

"NON CI SONO DUBBI, LEI E' PAZZO". "DOTTORE, SE PERMETTE VORREI UN SECONDO PARERE". "OK. LEI E' ANCHE BRUTTO".

19

HAI SBAGLIATO UNA VOLTA DI TROP-PO, HARVEY. BUO-NANOTTE.

PRIMA DI TI-RARE IL GRILLET-TO CI PENSEREI UN ATTIMO, GIDEON.

UH...?!

SPEZZARGLI IL NASO O LE BRACCIA E' UNA COSA, AMMAZZARLO UN'ALTRA. TI CONVIENE DAVVERO UN *OMICIDIO*? LO DICO PER TE, POI FAI QUELLO CHE VUOI.

E, COMUNQUE, SE DECIDI PER UN BUCO IN QUELLA BA-RA, MI DEVI DUEMILACINQUE-CENTO STERLINE *IN ANTICI-PO*. E' ROBA BELLA. QUER-CIA MASSICCIA.

BANG

MALEDIZIONE, *JARION!* IN CONFRONTO A TE, GLI USURAI SEMBRANO *MADRE TERE-SA DI CALCUTTA!*

TI HO SOLO DATO UN BUON CONSIGLIO, GIDEON. *GRATIS*, PER GIUNTA.

SBAM

22

BUTTATE FUORI QUEL SACCO DI SPAZZATURA. SENTIRGLI BATTERE I DENTI IN QUESTO MODO MI DA' SUI NERVI!

GRAZIE... GRAZIE!

AH!

ANCORA UNA SIGARETTA...

...P-PER H-HARVEY LO STORPIO...

MMM... TROPPO SILENZIO...

CI VUOLE UN PO' DI MUSICA!

DYD 666

"SEEN THE CARNIVAL AT ROME / HAD THE WOMEN I HAD THE BOOZE / ALL I CAN REMEMBER NOW / IS LITTLE KIDS WITHOUT NO SHOES..."

ADESSO SI RAGIONA!

SO I SAW THAT TRAIN / AND I GOT ♪ ON IT / WITH A ♫ HEARTFUL OF HATE / AND A LUST FOR VOMIT...

♪ NOW I'M WALKING ON THE SUNNYSIDE OF THE ♫ STREET...*

*"THE SUNNYSIDE OF THE STREET", THE POGUES.

TLAC

DRRiiNN

MAMMA, E' ARRIVATO DYLAN DOG!

IL TE' E' PRONTO...

GRAZIE.

MI PERDONI SE LE POSSO SEMBRARE DIFFIDENTE, MA HO BISOGNO DI CAPIRE. COME PUO' ESSERE CERTO CHE SI TRATTI DAVVERO DI *SUA FIGLIA*, *AIDAN*?

POSSIAMO DARCI DEL TU, DYLAN?

ERA IMPOSSIBILE NON RICONOSCERLA. DIETRO LA SPALLA DESTRA AVEVA TATUATO UN VERSO DI UNA CANZONE DI *NICK DRAKE*.

L'HAI FATTO PRESENTE ALLA POLIZIA?

LA RISPOSTA E' STATA CHE NON SI TRATTAVA DI UNA *PROVA SUFFICIENTE*. POI HANNO FATTO SPARIRE IL CORPO E NON SE N'E' SAPUTO PIU' NULLA.

TU COSA NE PENSI, AIDAN?

NON LO SO. PERO', HO UNA DOMANDA CHE MI TORMENTA DA GIORNI.

26

COM'E` POSSIBILE CHE IL CORPO FOSSE COSI` BEN **CONSERVATO**? SAOIRSE E` STATA SEPPELLITA **PIU` DI DUE ANNI FA.**

MMM...

DI COSA E` MORTA?

DI UN SARCOMA DEI TESSUTI MOLLI. E` UNA FORMA TUMORALE MOLTO RARA,

MI DISPIACE.

VEVINA, TI PREGO...

SCUSATE...

TEMO NON RESTI ALTRO CHE VERIFICARE SE LA TOMBA E` VUOTA.

PURTROPPO, E` IMPOSSIBILE.

PERCHE`?

DAL GIORNO DEL RITROVAMENTO DEL CORPO, IL CIMITERO E` PIANTONATO GIORNO E NOTTE. A VOLTE E` PERSINO CHIUSO. "LAVORI DI RISTRUTTURAZIONE", DICONO.

CHE SFORTU-
NATA COINCI-
DENZA...

CHI E' IL CAPO
DELLA POLIZIA,
QUI?

IL TENENTE
GIDEON BOUSMAN.
IL SUO VICE E' IL
SERGENTE RAY
HAMPTON.

SE VUOI, PRIMA DI PASSARE IN
CENTRALE TI MOSTRO IL TUO
COTTAGE. COSI' PUOI SISTE-
MARE I BAGAGLI.

TI RIN-
GRAZIO.

SONO IO CHE RIN-
GRAZIO TE, DYLAN,
NON MI CONOSCEVI,
AVRESTI AVUTO TUT-
TE LE RAGIONI PER
PRENDERMI PER
PAZZO.

FIGURATI, IO I
PAZZI LI RICONO-
SCO AL VOLO. UNO
DI LORO L'HO AD-
DIRITTURA ASSUN-
TO COME MIO AS-
SISTENTE!

TU SEI LA
SORELLINA DI
SAOIRSE?

SONO
SUO *FRATEL-
LO*. MI CHIAMO
ROYAN.

OH, SCUSA-
MI, ROYAN.

NON TI PREOC-
CUPARE, SI SBAGLIA-
NO IN MOLTI. PRIMA DI
USCIRE, HAI VOGLIA
DI VEDERE LA MIA
STANZA?

NICK DRAKE...

SAOIRSE NE ANDAVA MATTA.

LEI DORMIVA LÌ, ABBIAMO LASCIATO TUTTO COM'ERA, COSÌ SEMBRA CHE POSSA TORNARE DA UN MOMENTO ALL'ALTRO.

IO TI CONOSCO, SAI?

IN CHE SENSO?

AH! AH! AH!

MI PERDONI SE RIDO, MA NON HO CAPITO DOVE VUO- LE ARRIVARE.

STA MONTANDO UN CASO DI STATO SU UNA **COINCIDENZA**, SIGNOR DOG...

LA VOSTRA CITTADINA E' TROPPO PICCOLA PER UNA CASUALITA' DEL GENERE...

GRAIN NON E' L'UNICA CITTA- DINA CHE SI AFFACCIA SU QUE- STO TRATTO DI MARE...

NON CREDO CHE IN TUTTO IL **KENT** ESISTA- NO DUE PERSONE CON LO **STESSO VERSO** TRATTO DAL- LA **STESSA CANZONE** DELLO **STESSO CANTANTE**, TATUA- TO NELLO **STESSO PUNTO**.

QUINDI?

LE ANALISI SCIEN- TIFICHE SAREBBE- RO L'UNICA SOLU- ZIONE PER TO- GLIERE OGNI DUBBIO.

ADESSO BASTA!

SBAM

I DUBBI AL RIGUARDO CE LI HA LEI, NON IO!

"DI TUTTE LE COSE SICURE, LA PIÙ CERTA È IL DUBBIO".

COME... COME DICE?

NON LO DICO IO, MA BERTOLT BRECHT.

OK, LONDINESE DEI MIEI STIVALI! SE SEI VENUTO QUI PER FARE IL SACCENTE CON I BIFOLCHI DEL KENT, HAI SBAGLIATO INDIRIZZO!

SE CONTINUA COSÌ, SI SPACCA LA MANO...

SBAM

IL CASO NON ESISTE E NON SI FARÀ NESSUNA AUTOPSIA. PUNTO. E ORA VEDI DI TOGLIERTI DAI PIEDI!

SIGNORE, SE VUOLE SEGUIRMI, IL COLLOQUIO È FINITO. IL TENENTE BOUSMAN HA ALTRI IMPEGNI.

CON IL NEUROLOGO, IMMAGINO.

NE HO CONOSCIUTI TANTI DI INVESTIGATORI PRIVATI!... SIETE TUTTI UGUALI! FALLITI CHE UCCIDEREBBERO LA MADRE PER DUE ORE DI NOTORIETÀ!

GIUDA BALLERINO...

MI DISPIACE. ORA LEI AVRA` UNA PESSIMA OPINIONE DEL KENT E DEI SUOI ABITANTI.

POTEVA ANDARE PEGGIO, MI AVREBBERO POTUTO PESTARE E ARRESTARE...

NON CI SCHERZEREI TROPPO. QUANDO C'E` DI MEZZO BOUSMAN, TUTTO E` POSSIBILE.

OH, MI SCUSI, ANCH'IO SONO STATA MALEDUCATA. NON MI SONO NEMMENO PRESENTATA. MI CHIAMO *AIMEE DICKENS*.

PIACERE. *DYLAN DOG.*

CE NE SIAMO LIBERATI...

NON FARTI ILLUSIONI, RAY. QUEL FICCANASO NON SI ARRENDERA` FACILMENTE. VEDRAI, CE LO RITROVEREMO PRESTO TRA I PIEDI.

ACCOMODATI, QUESTO E' IL MIO PICCOLO REGNO.

A COSA DEVO L'OSPI-TALITA'?

AL FATTO CHE CHIUN-QUE LITIGA CON BOUSMAN GODE DI TUTTA LA MIA SIM-PATIA. QUI A GRAIN NESSU-NO LO SOPPORTA, TUT-TI NE HANNO PAURA.

DOPO AVER-LO CONOSCIUTO DA VICINO, LA CO-SA NON MI SOR-PRENDE.

NATURALMENTE, IL FAT-TO CHE TU SIA CARINO E ANCORA ABBASTANZA GIO-VANE HA CONTRIBUITO AL MIO SLANCIO DI AL-TRUISMO.

OH, GRA-ZIE, PER L'**AB-BASTANZA** GIO-VANE, INTEN-DO.

ADORO L'ACCEN-TO DEI LONDINESI, SEMBRATE TANTI PRINCIPINI!

FINGERO' DI PRENDERLO CO-ME UN COMPLI-MENTO...

HO UNA MOKA ITA-
LIANA, DEVI ASSOLU-
TAMENTE PROVARE IL
MIO CAFFE'!

SONO PIU'
TIPO DA TE', MA
FARO' UN'ECCE-
ZIONE...

TI
PIACE?

E' MOLTO
BELLA.

E' UNA DELLE
PRIME CHE HO
SCATTATO.

SEI UNA
FOTOGRAFA
DI PROFES-
SIONE?

VORREI ESSERLO, PERÒ NON
CE L'HO ANCORA FATTA. HO
MANDATO I MIEI SCATTI A RIVI-
STE DI MEZZA EUROPA. PER-
SINO A VOGUE A NEW YORK.
PER ORA NIENTE.

COMUNQUE NON HO
FRETTA, HO SOLO VEN-
TICINQUE ANNI. COME
CANTAVANO GLI STO-
NES, IL TEMPO E' DAL-
LA MIA PARTE. AC-
COMODATI, IN-
TANTO.

KKKR RRRR

COME CI
SI SIEDE?

CON
IL FONDO-
SCHIENA.

35

BOUSMAN E IL SUO VICE SONO DUE INDIVIDUI LOSCHI. QUI A GRAIN LI CHIAMIAMO "GLI SCERIFFI", PERCHE' FANNO E DISFANO A PIACIMENTO. HANNO I LORO TRAFFICI...

DI CHE TIPO?

NESSUNO LO SA ESATTAMENTE. SI PARLA DI CORRUZIONE, DROGA, PROSTITUZIONE. E QUESTO CREDO SIA SOLO LA META' DELLA META' DI QUELLO CHE COMBINANO.

DA QUANDO CI SONO LORO, GRAIN E' CAMBIATA. NON E' PIU' L'ANGOLO DI PARADISO CHE ERA. NON SO, E' COME SE ORA CI FOSSE QUALCOSA DI BRUTTO NELL'ARIA.

E' DA TANTO CHE VIVI QUI?

CI SONO NATA...

... ED E' UN POSTO CHE AMO. CONOSCO ALLA PERFEZIONE OGNI SUO ANGOLO, OGNI SUA ATMOSFERA, OGNI SUA LUCE.

SE PENSI CHE STIA ESAGERANDO, GUARDA QUI...

SONO TUT-
TE UGUALI.

E' VERO, TREMILA FOTOGRAFIE
DELLO STESSO POSTO, **HOGARTH
ROAD**, ALLE OTTO DI MATTINA. TRE-
MILA GIORNI CON TUTTI I TIPI DI
CLIMA POSSIBILE.

OGNI MATTINA SULLA STESSA
COLLINETTA, ALLA STESSA ORA,
DA QUANDO AVEVO DICIASSETTE
ANNI. E' IL MIO LAVORO, IL PRO-
GETTO DELLA MIA VITA, IN AT-
TESA CHE IL MONDO SI AC-
CORGA DI ME.

BEH...
ORIGINA-
LE.

NON FARTI TRARRE IN INGANNO. SONO
TUTTE UGUALI, MA OGNUNA E' DIFFEREN-
TE DALL'ALTRA. CI SONO MATTINE DI
SOLE E MATTINE BUIE, LUCI ESTIVE E
LUCI AUTUNNALI, GIORNI FERIALI E
FINE SETTIMANA.

C'E' GENTE CON L'IMPER-
MEABILE E LE GALOSCE E
GENTE CON LA MAGLIETTA
E I PANTALONCINI. QUALCHE
VOLTA SONO LE STESSE
PERSONE, QUALCHE VOL-
TA SONO PERSONE
DIVERSE.

QUALCHE VOLTA LE PERSONE
DIVERSE DIVENTANO LE STESSE.
E QUALCHE VOLTA LE STESSE
SCOMPAIONO.

"GRAIN E' UN GRANELLO DI POLVE-RE SULLE CARTE GEOGRAFICHE".

"E' UNA PICCOLA CITTÀ POPOLATA DI COTTAGE E DI VERDE, NEL PUN-TO IN CUI IL TAMIGI NON E' PIU' FIU-ME E NON E' ANCORA MARE".

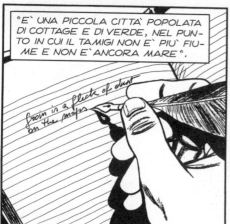

"MA, NONOSTANTE LA SERENITÀ APPARENTE, C'E' QUALCOSA DI INQUIETANTE NELL'ARIA".

"QUALCOSA DI IMPOSSIBILE DA DE-FINIRE. UN MISTO DI PAURA, OSTILI-TA', RASSEGNAZIONE. E UN INCON-FONDIBILE ODORE DI MORTE".

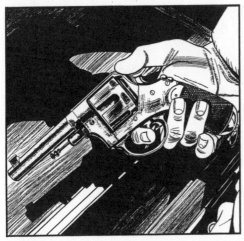

"LE CITTADINE SONO COME FIU-
MI: QUIETE ALL'APPARENZA, IN
REALTÀ AGITATE DA CORRENTI E
GORGHI. OGNUNO DEI QUALI NA-
SCONDE I SUOI SEGRETI".

"E PIÙ SI INDAGA, PIÙ SI HA
LA SENSAZIONE DI NON ESSE-
RE RIUSCITI NEMMENO A IN-
CRESPARNE LA SUPERFICIE".

CHI C'E'
IN LISTA
OGGI ?

A QUAN-
TO PARE, SOLO
COURTENAY E **HO-
WELL**, UNA SERA-
TA TRANQUIL-
LA.

COME FATE
A ESSERE SI-
CURI CHE SA-
RA' OGGI ?

INIZIA SEMPRE TRE
NOTTI PRIMA DELLA
LUNA NUOVA.

TE LA STAI GIA'
FACENDO SOTTO,
PIVELLO ?

SSSTT !

BEH, E'
LA MIA PRIMA
VOLTA E...

41

E ADES-SO?

DOBBIAMO TOR-NARE ALLA BASE PER LAVORARCI LE DUE CENERENTOLE.

NON POSSIA-MO SCARICARLE E OCCUPARCENE DOMANI?

MEGLIO LEVAR-CI IL PENSIERO. PRE-FERISCO LE URLA DELLE NOSTRE DUE AMICHE, PIUT-TOSTO CHE QUELLE DI BOUSMAN.

SI`, HAI RAGIONE...

GRRRRRRRR

AAAAH!

JAAAAAARRGGHHH

ODDIO! COS'E'? CO-S'ÈEEEE?

CHARLIE!

AAAAHH! AIUTOOOO!!!

DIO SANTO...

45

CRACK

CENTRO!

SZOCK!

LEVAMELA DI DOSSO! LA MIA FIDANZATA E' UN TIPO GELOSO.

ASPETTA UN ATTIMO, PRIMA UNA FOTO RICORDO.

UUUH...

EHI, CHRIS! VIENI UN PO' QUI...

...VEDIAMO SE LA RICONOSCI.

ASPETTA... QUESTA E'... QUELLA CHE STAVA IN NORTH STREET. COME SI CHIAMA? CHE MI PRENDA UN COLPO! NON SAPEVO NEMMENO CHE FOSSE MORTA.

CERTO CHE E' PROPRIO UN MOSTRO.

LO ERA DA VIVA, NON E' CHE MORENDO SI MIGLIORA.

HARVEY, MOZZALE LA TE-
STA E POI RIMETTILA NELLA
SUA BARA. PENSI DI PO-
TERCELA FARE?

IO?
PERCHÉ
IO?

COSA SEI VENUTO
A FARE, STANOTTE, A
GUARDARE? SE È CO-
SÌ, TI TOCCA PAGARE
IL BIGLIETTO.

QUI C'È L'ACCET-
TA, QUI C'È LA PA-
LA. GIÀ CHE CI SEI,
CHIUDI ANCHE LE
ALTRE DUE FOS-
SE.

GRAZIE, RAGAZZI. MALEDI-
ZIONE, AVEVA DENTI COME
RASOI. MENO MALE CHE NON
SIAMO IN UNO DI QUEI FUMET-
TI HORROR IN CUI I MORTI,
QUANDO TI MORDONO, TI
CONTAGIANO!

LA SPALLA MI
FA UN MALE CANE.
MI DATE UNA MANO
A RIALZARMI?

MI SPIACE,
AMICO!

CRACK

PRONTO? CHI DIAVOLO E'?

ISPETTORE, SI VEDE CHE SEI IN PENSIONE. UNA VOLTA A QUE-ST'ORA TI AVREI TROVATO ANCO-RA IN UFFICIO, NON A LETTO A DORMIRE.

ANCHE TU STAI PER-DENDO COLPI. UNA VOL-TA NON MI AVRESTI CHIA-MATO ALL'UNA DI NOT-TE, MA ALLE TRE. CHE COSA VUOI?

SENTI, VEC-CHIO, HO BISO-GNO DI TE.

INCRE-DIBILE. NON L'AVREI MAI DETTO.

SERIAMENTE, TU AVRAI DI CERTO CONOSCENZE NELLA POLIZIA DEL KENT. QUI STANNO CERCANDO DI INSABBIARE IL CASO. HO BISOGNO CHE TU FACCIA PRESSIONI PER L'AUTOPSIA.

NON SE NE PARLA NEMMENO. TE L'AVEVO DETTO DI LASCIAR PERDERE. HAI VOLUTO LA BICICLETTA?

BELL'AMICO! NON TI STO MICA CHIEDENDO QUALCOSA DI ILLEGALE...

NO, SOLO UN ABUSO DI UFFICIO *POSTUMO!*

SAI, STANOTTE HO AVUTO UN INCUBO. HO SOGNATO UN VECCHIO AMICO CHE CONTINUAVA A CHIEDERMI FAVORI ANCHE DOPO QUARANT'ANNI DI ONORATA CARRIERA. E HO SOGNATO CHE A UN CERTO PUNTO MI SUONAVANO ALLA PORTA.

SAI CHI ERA? IL SOVRINTENDENTE. ENTRAVA IN CASA E SENZA DIRE UNA PAROLA APRIVA IL CASSETTO DELLA MIA SCRIVANIA, TIRAVA FUORI I FOGLI DELLA MIA PENSIONE E LI STRACCIAVA.

MI SONO SVEGLIATO DI SOPRASSALTO, URLANDO, TUTTO SUDATO. A QUEL PUNTO SAI COS'HO FATTO?

TI SEI RIMESSO A DORMIRE?

PRECISAMENTE!

CLICK

IL VECCHIO NON E' PIU' QUELLO DI UNA VOLTA....

E ADESSO?

52

DRiiiNNNN

OH, DYLAN, BUON-GIORNO. PREGO, EN-TRI PURE.

BUON-GIORNO, SI-GNORA MUR-RAY. ROYAN E' IN CASA?

SI', E' DI LA', IN STAN-ZA. E' SUCCES-SO QUALCO-SA?

NULLA DI IM-PORTANTE. VO-LEVO SOLO SCAM-BIARE DUE CHIAC-CHIERE CON LUI.

CIAO, DYLAN. CHE CI FAI QUA?

HO BISO-GNO DI UN COM-PUTER...

NON HAI UN PORTATILE O QUALCOSA DEL GENERE?

QUALCOSA DEL GENERE. MA CE L'HA IL MIO AS-SISTENTE, CHE OGGI NON MI ASSISTE.

AH! AH! MI SA CHE TU E LA TECNO-LOGIA NON ANDATE MOLTO D'ACCOR-DO, VERO?

DICIAMO CHE TRA ME E LEI C'E' RECIPROCA DIFFI-DENZA. POSSO SEDERMI?

53

SONO QUASI TRE ANNI CHE SIAMO IN AFFARI INSIEME, JARION! TRE ANNI!

BARASH Funeral Home

MALEDIZIONE!

DOPO TRE ANNI, PENSAVO CHE LE REGOLE FOSSERO CHIARE, VISTO CHE TI PAGO PROFUMATAMENTE PER APPLICARLE!

SB BAM

TUTTI I MORTI CHE TI PASSANO SOTTO MANO DEVONO ESSERE CHIUSI NELLA BARA CON ZINCO RINFORZATO, PERCHE' RESTINO A MARCIRE LI' SOTTO QUANDO SI RISVEGLIANO!

L'UNICA ECCEZIONE SONO I NOMI CHE IO VOGLIO CHE ESCANO DA LI' DENTRO E CHE IO TI COMUNICO ESPRESSAMENTE UNO PER UNO. PER LORO, NIENTE ZINCO E COPERCHIO ALLENTATO.

LO SO, LO SO.

54

ALLORA DIMMI CHI ERA QUELL'ABOMINIO CHE E' SALTATO FUORI DALLA TOMBA STANOTTE!

SENTI, I MIEI RAGAZZI MANEGGIANO UN SACCO DI MORTI OGNI ANNO. QUI ARRIVA GENTE DA TUTTO IL KENT. UN ERRORE NELLA CHIUSURA DI UNA BARA CI PUO' STARE...

NO, NON CI PUO' STARE! PERCHE' PER IL TUO ERRORE, UNO DEI MIEI CI HA LASCIATO LE PENNE!

NON FARE IL MARTIRE, GIDEON, ANCHE I TUOI UOMINI SBAGLIANO. GRAZIE A QUELLO STORPIO, ORA CI E' PIOMBATO IN CASA UN FICCANASO. MI SEMBRA CHE SIAMO PARI.

NO, JARION.

BLAM

ADESSO SIAMO PARI.

SLAM

E QUESTA COS'E'?

LA RICHIESTA DI UN'AUTOPSIA E DI UN ESAME DEL **DNA**, FIRMATA DALL'ISPET-TORE BLOCH.

QUESTO FO-GLIO DI CARTA PUO' AVERLO STAMPATO CHIUNQUE!

SE HA DEI DUBBI, PUO' SEM-PRE TELEFONARE A LONDRA...

E PERCHE' SCO-TLAND YARD DO-VREBBE IMPIC-CIARSI IN QUE-STO CASO?

BEH, DICIAMO CHE HO MOLTI AMICI LI' DENTRO. PER UN LUNGO PERIODO SONO STATO UN PO-LIZIOTTO...

MMM... PER-CHE' NON L'HAI DET-TO SUBI-TO?

A CHE SCOPO? NON SONO PIU' IN SERVI-ZIO. NON MI VA DI AN-DARE IN GIRO A SVEN-TOLARE IL TESSERINO SCADUTO PER FARE PRESSIONI SULLA GENTE!

COMUNQUE, SE NON MI CREDE, PUO' CHIAMARE L'ISPETTORE BLOCH. GLIELO POTRA' CONFERMARE PERSONALMENTE...

NON CONOSCO NESSUN ISPETTORE BLOCH.

DAVVERO ?

LUI PERO' CONOSCE LEI, E HA LA SENSAZIONE CHE PER LA RISOLUZIONE DI QUESTO CASO CI SIA *SCARSA COLLABORAZIONE* DA PARTE DELLA POLIZIA DEL KENT.

NATURALMENTE L'HO RASSICURATO CHE NON E' COSI'. ORA, PERO', CHIEDE CHE IL CADAVERE VENGA IDENTIFICATO QUANTO PRIMA DALLA SCIENTIFICA. NON PENSO LEI ABBIA OBIEZIONI.

CERTO CHE NO.

BENE, VISTO CHE SIAMO TUTTI D'ACCORDO, DIREI CHE POSSO ANDARE. ARRIVEDERCI, TENENTE.

AH, CI PENSA LEI AD AVVISARE I MURRAY SUL GIORNO E L'ORA DELL'AUTOPSIA?

CRASH

MALEDIZIONE!

STAI CALMO, GIDEON.

UN PIEDIPIATTI, ME LO SENTIVO, ERA TROPPO SICURO DI SE'.

E ADESSO?

NON LO SO. CI DEVO PENSARE...

PER MERCOLEDI' SERA ANNULLIAMO TUTTO?

SAREBBE LA COSA MIGLIORE, MA E' TARDI, NON FACCIAMO PIU' IN TEMPO.

COMUNQUE, NON CREDO CHE QUELL'IMPICCIONE RIUSCIRA' A SCOPRIRE QUALCOSA...

E SE CI RIESCE?

TANTO PEGGIO PER LUI.

A LITTLE BIT OF MONICA IN MY LIFE / A LITTLE BIT OF ERICA BY MY SIDE / A LITTLE BIT OF RITA IS ALL I NEED / A LITTLE BIT OF TINA IS ♪ WHAT I SEE... ♪♫

♪ ... A LITTLE BIT OF SANDRA IN THE SUN / A LITTLE BIT OF MARY ALL NIGHT LONG / A LITTLE BIT OF JESSICA HERE I AM / A LITTLE BIT OF YOU MAKES ME ♪ YOUR MAN. *

VVRRRRR

"MAMBO N°5", LOU BEGA.

E LE DITA SONO FAT- TE...

HARVEY, PAS- SAMI IL DIVARICA- TORE.

AAAARRRGHHH!

VRRRRR

QUESTO?

LUI IN PERSONA.

GRRRRR

59

DICK, COS'HA FATTO IERI SERA L'ARSENAL?

STUNK CRACK

AAAARRRGGH!

KROHARRGH

ABBIAMO PERSO, UNO A ZERO IN CASA CONTRO IL BLACKBURN E SIAMO FUORI DALLA COPPA. PESSIMA SQUADRA, QUEST'ANNO.

GIA', PERCHE' L'HANNO SCORSO, INVECE...

GLLLL... GLLLL...

STUN

BEL LAVORETTO, EH?

ECCELLENTE, LIAM.

GLLLL

ALLA FINE SI E' CAPITO PERCHE' I MORTI DA QUESTE PARTI SALTANO FUORI DALLE TOMBE?

FORSE LO SA BOUSMAN, MA, A DIRTELA TUTTA, NON E' CHE MI INTERESSI PARTICOLARMENTE. MI BASTA CHE LA COSA VADA AVANTI A LUNGO E CHE CONTINUI A DARMI DA VIVERE.

PASSAMI TRAPANO E MUSERUOLA.

TIENI.

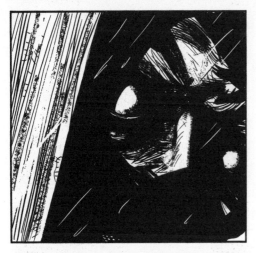

"L'AUTOPSIA ERA NECESSARIA, UN ATTO DOVUTO ALLA FAMIGLIA. MA CONFERMERÀ QUELLO CHE GIÀ SO."

"LE DOMANDE DI FONDO RESTANO IRRISOLTE. CHI HA TRAFUGATO E DECAPITATO IL CORPO DI SAOIRSE? E PERCHÉ?"

"FIN DA BAMBINO, HO SEMPRE AMATO RIORDINARE LE IDEE PASSEGGIANDO IN RIVA AL MARE, SPECIE IN PRIMAVERA."

"I TEMPORALI SUL MARE SO-
NO UNO SPETTACOLO MERA-
VIGLIOSO E TERRIBILE."

"QUAND'ERO PIC-
COLO, MI AFFASCI-
NAVANO I FULMINI
CHE SI ABBATTEVA-
NO SULLE ONDE."

CRACK

"FISSAVO LE SCARICHE CON IL FIATO
SOSPESO. MI ASPETTAVO CHE, DA
UN MOMENTO ALL'ALTRO, L'ACQUA
PRENDESSE FUOCO."

BUONGIORNO.

GUARDA CHI SI RIVEDE!

E' BELLO SAPERE CHE A UN'ORA PRECISA IN UN POSTO PRECISO, PUOI SEMPRE INCONTRARE UNA BELLA RAGAZZA!

ANCHE TU SEI UN UOMO RASSICURANTE, DYLAN. E' DA QUANDO SEI ARRIVATO CHE HAI ADDOSSO SEMPRE GLI STESSI VESTITI!

NON SONO GLI STESSI. CIOE'... VOGLIO DIRE, SONO GLI STESSI, MA SONO ALTRI...

OK, ME LO SPIEGHI CON CALMA DOPO. OGGI MANGIAMO INSIEME.

SONO IO CHE NON CI HO FATTO CASO O NON C'ERA IL PUNTO INTERROGATIVO ALLA FINE DELLA FRASE?

SEI UN ACUTO OSSERVATORE, DYLAN. NO, NON C'ERA, ERA UN'AFFERMAZIONE. OGGI MANGIAMO INSIEME. PUNTO.

IPOTIZZANDO, PERO', CHE TU NON SIA VENUTO QUI PER FARTI INVITARE A PRANZO, A COSA DEVO LA TUA VISITA?

NULLA, VOLEVO SOLO SALUTARTI.

66

GRAZIE, CHE CARINO. E A PARTE QUESTO?

VOLEVO CHIEDERTI COS'E' QUELL'EDIFICIO LAGGIU'.

QUELLO? E' LA **CENTRALE ENERGETICA DI GRAIN**. E' DAGLI ANNI NOVANTA CHE RIFORNISCE LA CITTA' DI GAS ED ELETTRICITA'.

E QUEL CUBO DIROCCATO?

E' LA **TORRE DI GRAIN**, UN'ANTICA ROCCAFORTE DELL'OTTOCENTO. SERVIVA PER DIFENDERE LA FOCE DEL TAMIGI.

NEL NOVECENTO E' STATA RINFORZATA CON IL CEMENTO ARMATO. SI E' FATTA ANCHE LE DUE GUERRE MONDIALI, POI E' ANDATA IN PENSIONE.

E' ABBANDONATA DA QUASI SETTANT'ANNI. HANNO PERSINO PROVATO A METTERLA IN VENDITA, QUALCHE ANNO FA, MA NON E' MAI ARRIVATA NESSUNA OFFERTA.

MMM...

PERCHE' TUTTE QUESTE DOMANDE? TI INTERESSA COMPRARLA? PROVACI, CON CINQUECENTOMILA STERLINE TE LA PORTI VIA.

BEH, IN EFFETTI CI STAVO PENSANDO. IN FONDO ME NE MANCANO SOLO QUATTROCENTONOVANTANOVEMILA. SEMPRE CHE TROVI QUALCUNO CHE ME LE PRESTI, QUELLE MILLE.

MMM...

House sale could be a tall order

E' DA PIU' DI UN'ORA CHE CONTINUI A MUGUGNARE PER OGNI COSA CHE DICO. CHE C'E'? QUALCOSA NON TI TORNA?

MI HAI DETTO CHE LA TORRE E' IN DISUSO DA UNA **SETTANTINA D'ANNI**, EPPURE HAI NOTATO CHE SUL FONDALE CI SONO DELLE CONDUTTURE CHE LA COLLEGANO ALLA TERRAFERMA?

PERCHE' AVREI DOVUTO NOTARLE? E COMUNQUE NON CAPISCO QUALE SIA IL PUNTO.

NON MI HAI DETTO CHE LA CENTRALE HA SOLO UNA **VENTINA D'ANNI**?

QUINDI?

QUINDI LE TUBATURE NON POSSONO CHE ESSERE RECENTI. QUINDI LI' DENTRO ARRIVANO LUCE E GAS. QUINDI QUALCUNO UTILIZZA REGOLARMENTE LA TORRE.

OOOH, CHE EMOZIONE! NON AVEVO MAI VISTO UN INVESTIGATORE ALL'OPERA!

IN EFFETTI CI VADO POCO. PREFERISCO IL CINEMA!

CHE STUPIDO!

NON E' COLPA MIA... E' CHE FREQUENTO CATTIVE COMPAGNIE!

SAI, HO DECISO CHE TI FOTOGRAFERO'. HAI DAVVERO UN BEL VISO, ASSOMIGLI UN SACCO A *RUPERT EVERETT*.

PRIMA DEL *BOTULINO*, SPERO. IN OGNI CASO, ODIO ESSERE FOTOGRAFATO...

HAI NOTATO UN PUNTO INTERROGATIVO ALLA FINE DELLA MIA FRASE?

EFFETTIVAMENTE NON C'ERA.

PRIMA DEL DOVERE, PERO'... UN PO' DI *PIACERE*.

CREAK

71

ALZA LE CHIAPPE, HARVEY. E' ORA.

E' DA UN PO' DI GIORNI CHE NON VEDO QUELLA CON LO SFREGIO SULL'OCCHIO. CHE FINE HA FATTO?

SARÀ IN MEZZO ALLE ALTRE. SONO TANTE, NON L'AVRAI NOTATA...

MI AUGURO CHE NON TI SIA SCAPPATA, SE NO QUESTA VOLTA NESSUNO POTRÀ SALVARTI DA BOUSMAN!

C'E', TE LO ASSICURO.

CLAK CLAK

AVANTI, BELLEZZE! E' IL TURNO DI TRE DI VOI! MUOVETEVI!

GRRR

GRRR

TU, TU E TU! FORZA, SEGUITE LO STORPIO SENZA FARE STORIE!

GRAAAURRR

77

QUI SE VUOI GUARDARE DEVI PAGARE, AMICO.

UH?!

CLICK

COS'E' QUE-STA ROBA? ERI UNO SBIRRO O UN ANTIQUA-RIO?

QUANDO HAI PRE-STATO SERVIZIO? NEL-LA PRIMA GUERRA MONDIALE?

TUTTA COLPA DEI TAGLI GOVER-NATIVI.

CHE NE DICI DELLO SPETTACOLO? TI STAVA PIACEN-DO?

DELIZIO-SO, MI SFUG-GE SOLO IL FINE ULTIMO DI QUE-STA BARACCO-NATA...

DAVVERO NON L'HAI CAPITO? PER L'UNICO VALIDO FINE CHE ESISTE NELLA VITA. IL DE-NARO.

LA GENTE DEL KENT AMA LE NOSTRE MORTE VIVENTI E IL *PREZZO DELLA CARNE* SALE OGNI GIORNO!

E' UNA COSA CHE TI STUPISCE COSI' TANTO?

NO, CI SONO PAZZOIDI DI OGNI GENERE, IN GIRO...

PAZZI? MI FAI RIDERE. I CLIENTI CHE HAI VISTO LA' SOTTO SONO FIDATI E SELEZIONATI. QUI SI ENTRA SOLO SU INVITO!

SONO TUTTE BRAVE PERSONE, PADRI DI FAMIGLIA, GENTE CHE LAVORA, SI SPACCA LA SCHIENA, PAGA LE TASSE E CONTRIBUISCE ALLA RICCHEZZA DEL PAESE. AVRANNO DIRITTO A QUALCHE ORA DI SVAGO!

COMUNQUE, SEI STATO BRAVO, LO DEVO RICONOSCERE. ALLA FINE CE L'HAI FATTA A TROVARE LA SOLUZIONE AL MISTERO DEL CADAVERE DECAPITATO...

CLICK

... PURTROPPO PER TE, PERO', NON AVRAI OCCASIONE DI RACCONTARLO A NESSUNO!

AVANTI, CAMMINATE. LO SPETTACOLO E' FINITO, SI TORNA A CUCCIA!

GGRRRRR

CERTO CHE GLI UOMINI DI JARION BARASH SONO DEGLI ARTISTI. HAI VISTO COME LE HANNO TRUCCATE?

GIA', DOVREI CHIAMARLI PER MIA MOGLIE. MAGARI RIESCONO A RIPETERE IL MIRACOLO...

FORZA, ENTRATE. CI SONO LE VOSTRE AMICHETTE CHE VI ASPETTANO. LA PROSSIMA VOLTA TOCCHERA' A LORO.

SVELTA!

ASPETTA, NON C'E' BISOGNO DI TRATTARLE COSI'...

TUMP

... L-LA GENTILEZZA... CERTE VOLTE E' MEGLIO DELLA VIOLENZA.

PRIMA DI UCCIDER-MI...

COSA?!

VOGLIO SAPERE PERCHE' QUI A GRAIN I MORTI RISORGONO DALLE TOMBE.

AH! AH! AH!

QUINDI, ADESSO, DOVREI FARE CO-ME OGNI BUON CATTIVO CHE SI RI-SPETTI E, NEL FINALE, RACCON-TARTI TUTTA LA STORIA PER FI-LO E PER SEGNO, GIUSTO?

MAGARI CON UN LUN-GO FLASH-BACK...

GIDEON!

?!

A-AB-BIAMO... UN... P-PROBLE-MA...

86

NON PUÒ CHE ESSERE ANDATO DI QUA!

FAI LUCE...

LEGGEVO GIUSTO IERI UNA STATISTICA SECONDO CUI *UNA PERSONA SU QUATTRO* HA DISTURBI PSICHIATRICI. IL MIO CONSIGLIO E' DI PRENDERE IN ESAME TRE AMICI. SE SONO A POSTO CON LA TESTA VUOL DIRE CHE IL MATTO *E' LEI.*

PRENDA ME: LA MIA INSICUREZZA LA DEVO A UN TRAUMA INFANTILE. SONO FIGLIO DI GENITORI SEPARATI: MIO PADRE SE N'E' ANDATO PRIMA CHE IO NASCESSI, MIA MADRE ANCHE. SONO NATO *DA SOLO.*

SONO STATO A LUNGO IN TERAPIA. I PRIMI TEMPI ERA UNA SPLENDIDA ESPERIENZA. POI, DOPO DODICI ANNI, IL MIO ANALISTA HA DETTO QUALCOSA CHE MI HA SPROFONDATO NELLA DISPERAZIONE PIU' ASSOLUTA. *"NO HABLO INGLÉS".*

IO NON...

SCUSI, NON MI INTERROMPA *IN CONTINUAZIONE.* COSA STAVO DICENDO? AH, GIA', SUCCESSIVAMENTE, SONO STATO SEGUITO DA UNA PSICHIATRA. UN GIORNO LE CHIESI DI CONFESSARMI CON GRANDE SCHIETTEZZA SE LE SEMBRAVO PAZZO. LEI MI DISSE DI NO E A QUEL PUNTO DECISI DI *LASCIARLA ANDARE.*

C'E' STATO UN MOMENTO IN CUI HO PENSATO ADDIRITTURA DI *SUICIDARMI.* ALLA FINE NON L'HO FATTO, PERCHE' IL MIO ANALISTA ERA MOLTO SEVERO E MI AVREBBE FATTO PAGARE LE SEDUTE CHE AVREI *PERSO.* ORA, PERO', MI PARLI DI LEI.

BEH, IO...

ACCIDENTI, L'ORA E' GIA' FINITA. SONO *OTTANTA STERLINE.* IN CONTANTI, SE POSSIBILE. CI VEDIAMO LA PROSSIMA SETTIMANA.

FFFSSSS

BOOOMM

MA
COSA...?!

?!

QUELLI CHE TI HANNO FATTO QUESTO, SONO TUTTI MORTI... SALTATI IN ARIA A CAUSA DI UNA FUGA DI GAS.

ORA... PUOI RIPOSARE IN PACE.

BANG

"LA DOCCIA NON SER-
VE A LAVARE VIA LA
SENSAZIONE DI SPOR-
CO CHE QUESTA NOT-
TE MI HA LASCIATO
ADDOSSO."

"SONO ANDATO
SULLA COLLINA,
MA OGGI AIMEE
NON C'E'."

"A QUANTO PARE, ALLA
FINE LA VITA HA CHIAMA-
TO E LEI HA RISPOSTO."

"VOGUE, NEW
YORK. SONO FE-
LICE PER LEI. SE
LO MERITA."

"AI MURRAY HO FARFUGLIATO DI UN IMPEGNO URGENTE CHE MI RICHIAMAVA A LONDRA. HO RIFIUTATO IL COMPENSO E LI HO SALUTATI."

"NON HO AVUTO IL CORAGGIO DI RACCONTARE LORO LA VERITÀ... E POI, PROBABILMENTE, NON MI AVREBBERO MAI CREDUTO."

MUSICA, CI VUOLE DELLA MUSICA.

I KNOW I'M BETTER THAN BEFORE / I WILL NOT BE RECONSTRUCTED / JUST WANNA STAY RIGHT HERE / ON THE SUNNYSIDE OF THE STREET...